So geht's:

Das Beispiel zeigt, wie du mit miniLÜK spielst. Die Übung findest du auf Seite 2 und 3.
Öffne das miniLÜK®-Kontrollgerät und lege den durchsichtigen Boden des Kontrollgerätes auf die untere Übungsseite deines miniLÜK-Heftes.

Zähle!
Nimm Plättchen 1. in die Hand und sieh dir Aufgabe 1. an.
Hier siehst du fünf Sterne.
Lege Plättchen 1. mit der Ziffer nach oben auf die mit einem Stern gekennzeichnete Ziffer 5 auf der unteren Seite.

So spielst du weiter, bis alle 12 Plättchen auf dem durchsichtigen Teil des Kontrollgerätes liegen und keine Bilder mehr zu sehen sind.
Dann schließt du das Kontrollgerät und drehst es um. Wenn du das bei der Übung abgebildete Muster siehst, hast du alles richtig gemacht.

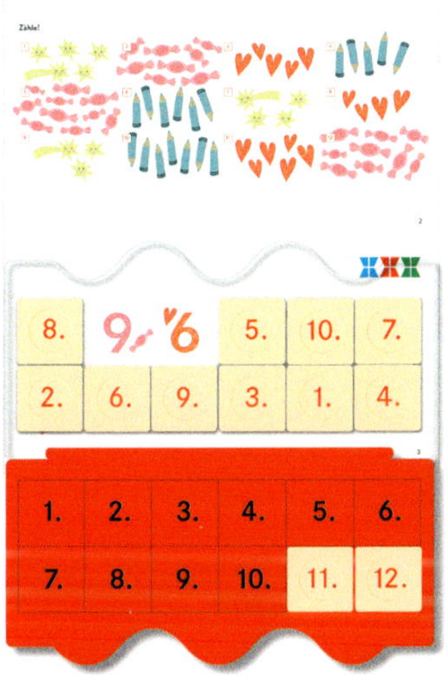

Passen einige Plättchen nicht in das Muster, löst du diese Übungen noch einmal.

Stimmt es jetzt?
Dann nun viel Spaß!

Zähle!

4	9	6	10	7	4
8	6	3	5	5	5

Wie viele Punkte sind das jeweils zusammen?

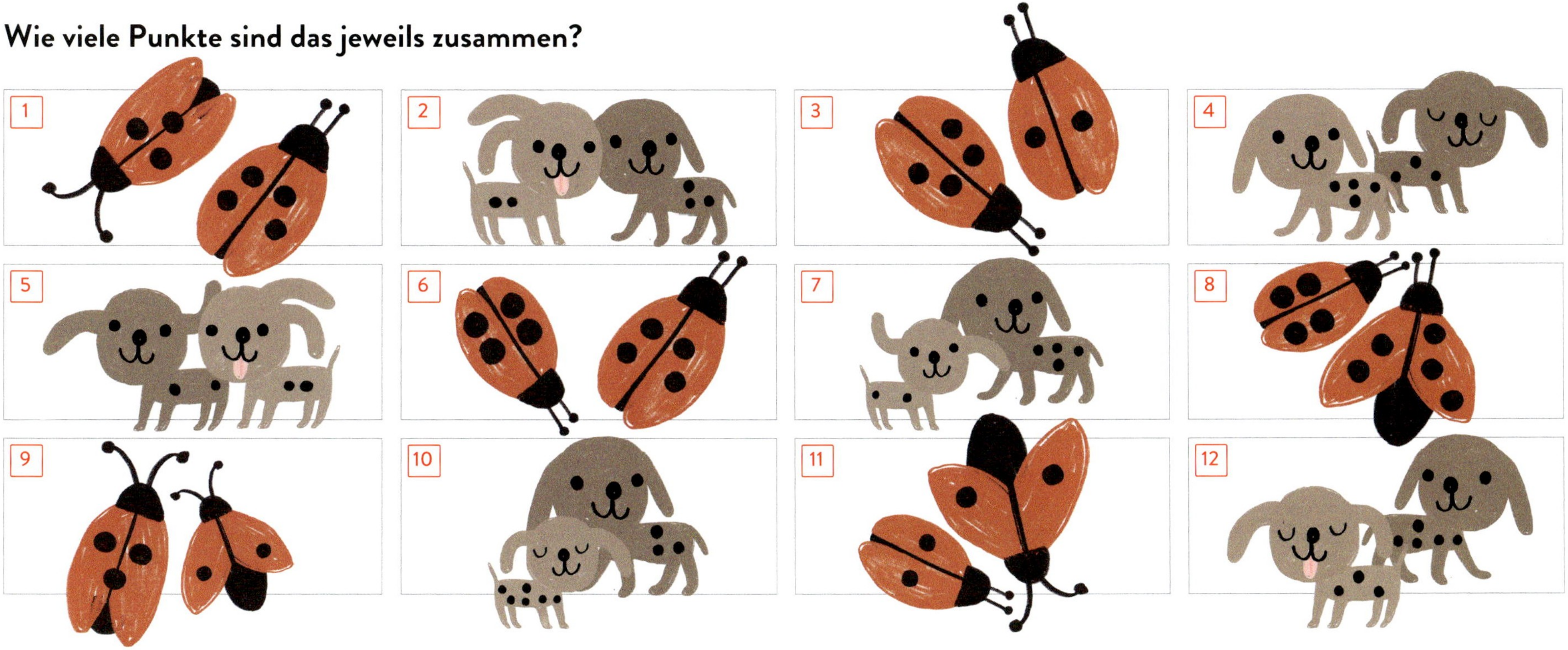

5
6
9
6
5
8
4
4
7
7
9
8

Finde die richtige Lösung!

1. 2+4= (5 / 6)
2. 4+1= (5 / 6)
3. 2+3= (5 / 6)
4. 5+1= (5 / 6)
5. 1+4= (5 / 6)
6. 0+6= (5 / 6)
7. 0+5= (5 / 6)
8. 3+3= (5 / 6)
9. 5+1= (5 / 6)
10. 3+2= (5 / 6)
11. 4+2= (5 / 6)
12. 5+0= (5 / 6)

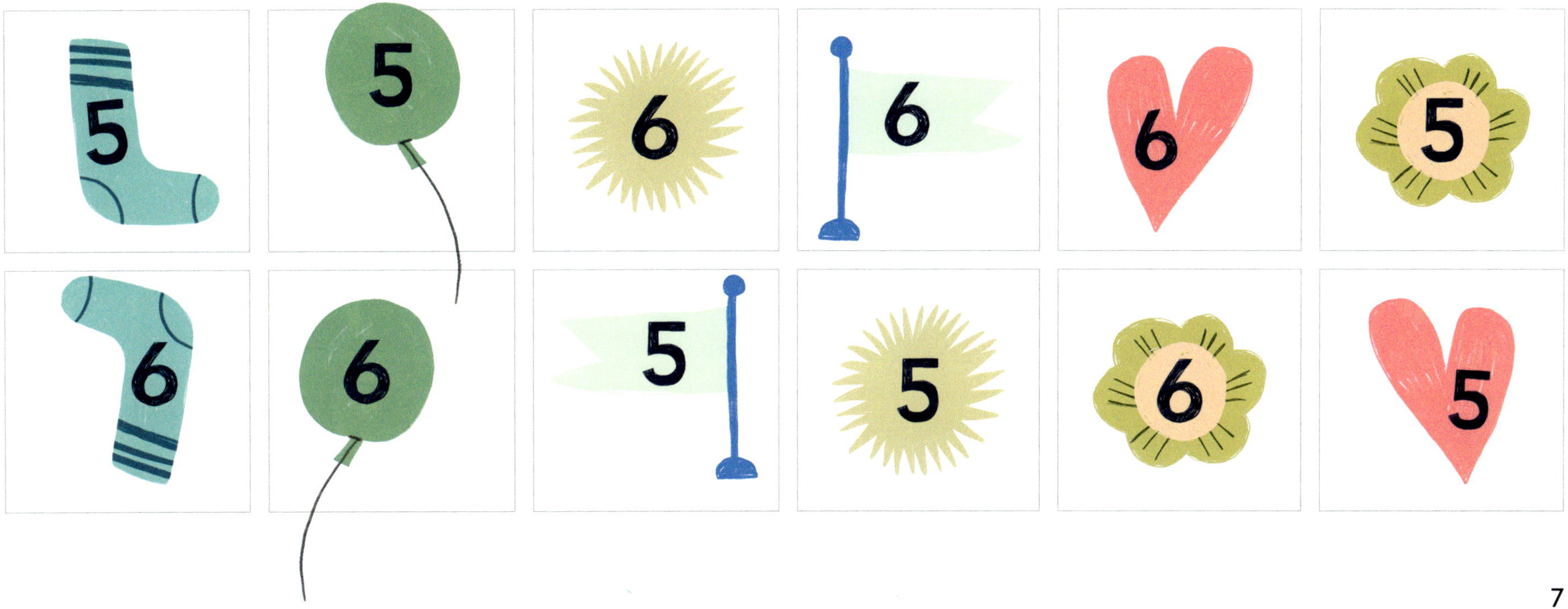
5
5
6
6
6
5
6
6
5
5
6
5

Sind das zusammen sechs, ja oder nein ?

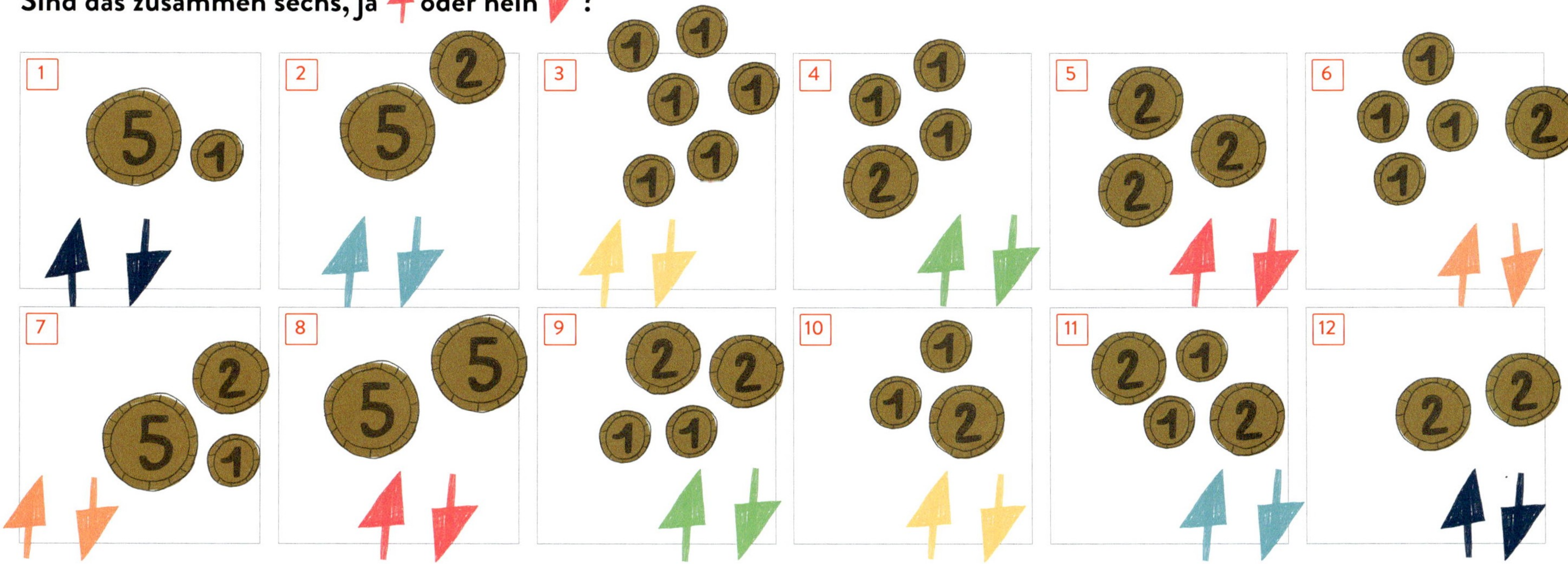

Suche das richtige Ergebnis!

1	5 - 3 =	2	3
2	3 - 0 =	2	3
3	8 - 5 =	2	3
4	6 - 4 =	2	3
5	4 - 1 =	2	3
6	7 - 5 =	2	3
7	7 - 4 =	2	3
8	3 - 1 =	2	3
9	8 - 6 =	2	3
10	5 - 2 =	2	3
11	4 - 2 =	2	3
12	6 - 3 =	2	3

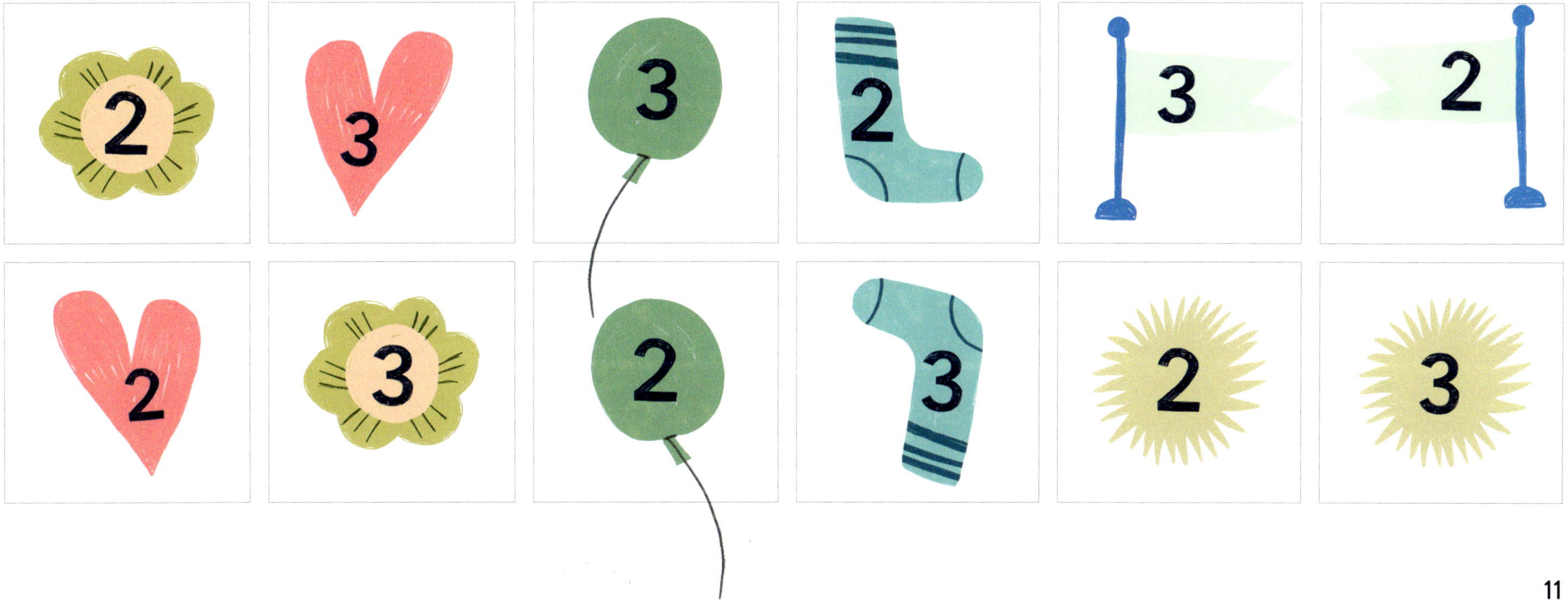
2
3
3
2
3
2
2
3
2
3
2
3

Welche Aufgabe hat die größere Lösung?

1
$1+3=$
$5+0=$

2
$5+2=$
$3+3=$

3
$1+6=$
$4+4=$

4
$5+1=$
$3+4=$

5
$0+7=$
$2+4=$

6
$1+4=$
$3+3=$

7
$4+1=$
$0+6=$

8
$3+2=$
$4+0=$

9
$2+5=$
$1+7=$

10
$1+5=$
$2+3=$

11
$4+1=$
$2+2=$

12
$6+2=$
$4+3=$

Bilde Plusaufgaben!

$7+2=9$ $2+7=9$	$2+4=6$ $4+2=6$	$2+5=7$ $5+2=7$	$3+5=8$ $5+3=8$	$7+1=8$ $1+7=8$	$6+0=6$ $0+6=6$
$4+3=7$ $3+4=7$	$3+6=9$ $6+3=9$	$2+6=8$ $6+2=8$	$1+5=6$ $5+1=6$	$1+6=7$ $6+1=7$	$4+5=9$ $5+4=9$

Welche Aufgabe hat die kleinere Lösung?

1	8 – 7 =	6 – 4 =
2	10 – 7 =	5 – 3 =
3	6 – 1 =	7 – 3 =
4	9 – 3 =	7 – 0 =
5	4 – 2 =	10 – 9 =
6	5 – 0 =	9 – 5 =
7	8 – 4 =	10 – 5 =
8	6 – 2 =	8 – 5 =
9	10 – 8 =	6 – 3 =
10	9 – 4 =	6 – 0 =
11	10 – 4 =	8 – 1 =
12	9 – 2 =	7 – 1 =

Bilde Minusaufgaben!

1

2

3

4

5

6

7

8

9

10

11

12

$7 - 1 = 6$

$7 - 6 = 1$

$6 - 6 = 0$

$6 - 0 = 6$

$8 - 1 = 7$

$8 - 7 = 1$

$8 - 2 = 6$

$8 - 6 = 2$

$8 - 5 = 3$

$8 - 3 = 5$

$9 - 4 = 5$

$9 - 5 = 4$

$6 - 2 = 4$

$6 - 4 = 2$

$6 - 5 = 1$

$6 - 1 = 5$

$9 - 7 = 2$

$9 - 2 = 7$

$7 - 2 = 5$

$7 - 5 = 2$

$9 - 3 = 6$

$9 - 6 = 3$

$7 - 4 = 3$

$7 - 3 = 4$

Plus und Minus im Wechsel

Nr.	Aufgabe	Auswahl
1	2+6=	7 8 9
2	10-3=	7 8 9
3	5+4=	7 8 9
4	9-1=	7 8 9
5	3+4=	7 8 9
6	10-1=	7 8 9
7	8-1=	7 8 9
8	5+3=	7 8 9
9	10-2=	7 8 9
10	2+7=	7 8 9
11	9-2=	7 8 9
12	6+3=	7 8 9

7 7 7 9 7 9
9 8 8 9 8 8

Welche Pfeile erreichen welche Gesamtpunktzahl?

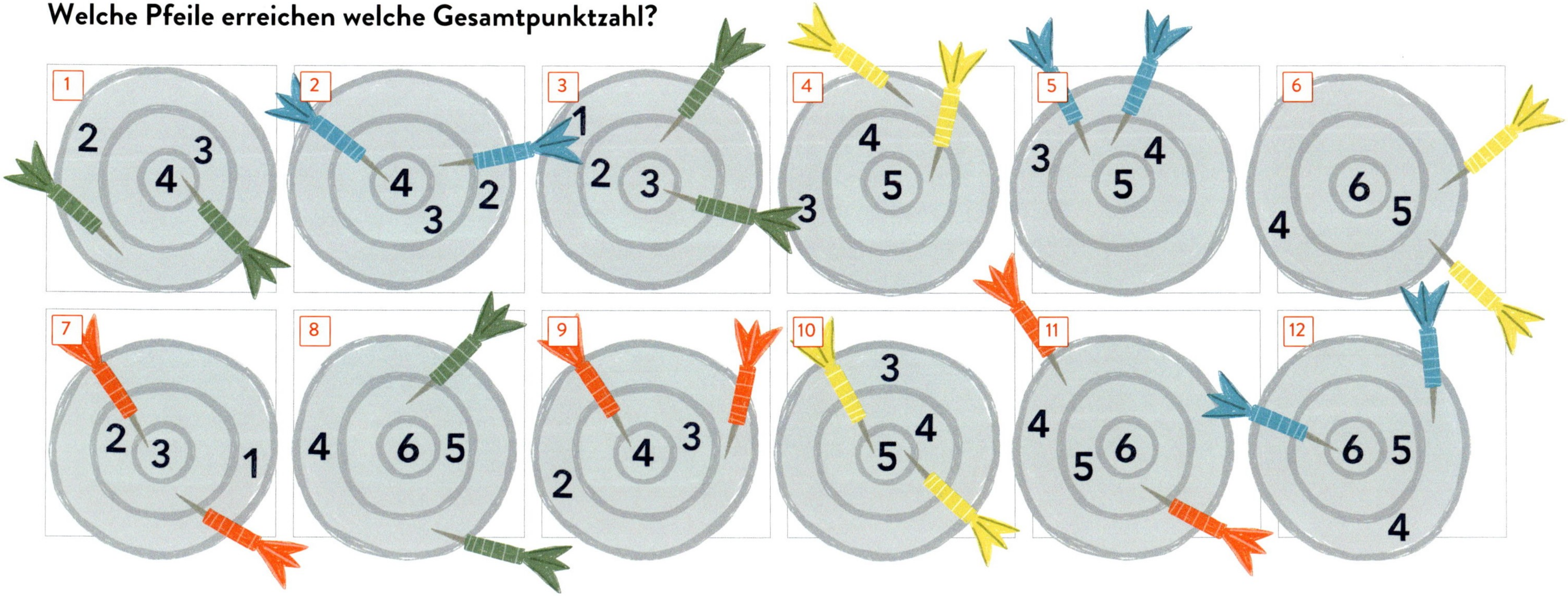

10	7	7	8	6	8
6	5	9	10	9	5

Ich kann rechnen!

1	8-7=
2	2+3=
3	9-6=
4	3+7=
5	7-5=
6	4+5=
7	5+3=
8	8-4=
9	4+2=
10	6-6=
11	3+4=
12	5+6=